糟糕的战争

我的第一套

人类简史

（精选版）

王大庆◎编著

[意] 马蒂亚·圣塞韦里诺◎绘

明天出版社·济南

图书在版编目（CIP）数据

糟糕的战争 / 王大庆编著；（意）马蒂亚·圣塞韦
里诺绘 . — 济南：明天出版社，2022.3
（我的第一套人类简史：精选版）
ISBN 978-7-5708-1268-4

Ⅰ . ①糟… Ⅱ . ①王… ②马… Ⅲ . ①战争史 –
世界 – 儿童读物 Ⅳ . ① E19-49

中国版本图书馆 CIP 数据核字 (2021) 第 225762 号

WO DE DI-YI TAO RENLEI JIANSHI JINGXUAN BAN

我的第一套人类简史（精选版）

ZAOGAO DE ZHANZHENG
糟糕的战争

王大庆 / 编著　　［意］马蒂亚·圣塞韦里诺 / 绘

出版人 / 傅大伟
选题策划 / 冷寒风
责任编辑 / 丁淑文
特约编辑 / 韩　蕾
项目统筹 / 李春蕾
版式统筹 / 吴金周
封面设计 / 何　琳
出版发行 / 山东出版传媒股份有限公司
　　　　　明天出版社
地址 / 山东省济南市市中区万寿路19号

http://www.sdpress.com.cn　　http://www.tomorrowpub.com
经销 / 新华书店　　　　　**印刷** / 鸿博睿特（天津）印刷科技有限公司
版次 / 2022年3月第1版　　**印次** / 2022年3月第1次印刷
规格 / 720毫米×787毫米　12开　3印张
ISBN 978-7-5708-1268-4　　　**定价** / 18.00元

目录

越来越"小"的地球

时间已经来到了20世纪，地球上变得越来越热闹，人们之间的距离也越来越"小"了。

人们的出行方式和交流方式已经发生了很大的变化，不用再长途跋涉几个月才能抵达另一座城市，也不用苦苦等待很久才能等来亲人的一封信。

步行　　乘马车

乘船

坐火车

人们的关系越来越紧密、越来越多元化了。

交流方式的变化

书写信件的交流方式需要大量的时间。

打电话等新的交流方式十分便捷、高效。

在资本主义社会中，不同企业间竞争加剧，一些大企业联合起来形成了垄断组织，把资源都集中在自己手中。

5月1日

大会讨论决定把每年的5月1日定为国际劳动节。

各国工人和社会主义者为了维护自己应有的权益不断与资本家斗争着，他们于1889年在巴黎举办了一次大会，这次大会标志着第二国际的建立。

4

人们能抵达的地区越来越广，在探索过几个大洲后，探险家又把目光放在了地球的两极——南极和北极。

美国探险家彼利在1909年成功抵达北极。

坐飞机

1911年挪威的阿蒙森探险队首次到达南极，成了第一支到达南极的队伍。

汽车革命以其独特的方式震撼全世界。1903年，美国汽车制造家福特创建了福特汽车公司，并在1913年建成世界上第一条流水作业生产线，因此汽车产量大增，价格变低，普通人也能把汽车用作日常交通工具了。

我们终于飞上天空了！

几千年来，人们一直尝试研发能飞上天空的交通工具。到了20世纪初，美国的莱特兄弟终于驾驶飞机成功飞向了天空。飞机早年多用于军事，后来经过多次改良才广泛用于交通运输。从此，飞机也像汽车和火车一样，成了人类常用的交通工具。

萨拉热窝是个"火药桶"

20世纪初，一些国家已经占有了大量的土地和资源，从而获得财富。然而后来兴起的帝国主义国家总想重新瓜分世界，把别的国家已经占有的殖民地抢夺过来。

20世纪初是战火弥漫的时期，很多国家抱着不同的目的，在世界各地挑起了战争。

被殖民的国家也开始反抗了，他们掀起了一场场争取民族独立的运动。

玻利瓦尔率领民众开展了南美洲独立运动。

占西女王是印度民族大起义领导人之一。

很多国家都想扩大自己的势力范围，世界各地战争频发，弥漫着异常紧张的气息，一场大战一触即发。

1914年，奥匈帝国与塞尔维亚的矛盾日益严重，帝国的皇储弗兰茨·斐迪南大公为了向塞尔维亚炫耀武力，决定带着妻子前往波斯尼亚检阅军队。

就在车队经过萨拉热窝时，当地的一个青年人突然冲上去刺杀了斐迪南大公和他的妻子，这就是历史上著名的"萨拉热窝事件"。

很多国家都召集年轻人参与到战争中去。

"萨拉热窝事件"过后，奥匈帝国以皇储被刺杀为由，向塞尔维亚宣战。本来这只是两个国家之间的纷争，但是很多国家都企图借机扩大本国势力范围，纷纷加入了这场战争。

战火遍及欧洲大陆，受到波及的人口达15亿以上，这就是第一次世界大战。

席卷世界的超级大战

1914年，第一次世界大战正式爆发了。这场战争本来只是奥匈帝国和塞尔维亚两个国家之间的战争，为什么最后却变成了席卷很多国家的超级大战呢？

在战争爆发之前，很多欧洲国家之间都签订了各种协议或同盟条约。很快，欧洲几乎所有国家都分别归入了两大军事集团：同盟国和协约国。

同盟国主要国家

德国

奥匈帝国

意大利

协约国主要国家

英国

法国

俄国

两大军事集团形成后，各国展开了激烈的军备竞赛，不断扩充自己的军队。其中，德国走在最前列，提前为战争做好了充分的准备。

奥匈帝国对塞尔维亚宣战后，加入两大军事集团的国家开始互相宣战。德国是奥匈帝国的支持者，俄国是塞尔维亚的支持者，法国又表示支持俄国，英国最终也向奥匈帝国宣战了。很快，大部分欧洲国家加入了这场战争。

战火首先在欧洲大陆点燃，其中以德国和法国为主的西线战场是影响全局的主战场。在战争之前，德军的元帅施利芬就制订了一份完整的"施利芬计划"，决定迅速打败法国。

我们先集中火力打败法国，之后再击败其他国家。

施利芬

大战开始后，德军迅速进攻比利时，企图从北部向法国进攻，并抵达了离法国巴黎非常近的马恩河，准备用最短的时间攻下巴黎。

霞飞将军

但是法国的霞飞将军成功阻止了德军的进犯，破坏了德军的计划，从此战争进入了双方僵持阶段。

历史知多少

第一次世界大战期间，马恩河地区曾发生过两次战役。第一次以德国的速胜计划失败告终。第二次协约国联军击退了德军并掌握了战争的主动权，为全面反击创造了条件。

据说第一次世界大战中也发生过一些"小插曲"，在1914年圣诞节期间，西线战场的德军与英军停止了对战，来到"无人区"举办了一场球赛。但是在随后的几年里，这种场面再也没有出现过。

从天空打到海里的战争

在长达四年多的第一次世界大战中，战争领域不仅包括陆地和海上，还扩展到了天空和水下。

第一次世界大战期间，飞机得到了充分的利用。士兵们驾驶飞机，从空中投下一颗又一颗炸弹，整个战场瞬间会被夷为平地。

历史知多少

在第一次世界大战中发生过很多次战役，其中凡尔登战役是最残酷的战役之一。由于士兵伤亡惨重，凡尔登战役也被称为"绞肉机"。

第一次世界大战期间，各国之间还发生过多次海战，其中德国和英国的舰队在海上斗智斗勇，都想置对方于死地。他们在日德兰半岛附近的海域进行了第一次世界大战期间规模最大的海战，史称"日德兰海战"。

鱼雷是一种能在水中自动导向、推进并攻击水面或水下目标的武器。

在水下，德国实施了无限制潜艇战，利用潜艇探测海面上的船只，从而发动攻击。

在第一次世界大战中
首次出现了轰炸机。

德军在战争中施放了大量
毒气，为了防止吸入毒气，士兵
会戴上特制的防毒面具。

英国制成了世界上第一辆坦克，从此
坦克成了军队作战的主要战斗车辆之一。

在陆地战场上，士兵挖掘了长长的堑壕，白天与敌军对
峙，晚上就睡在堑壕里。不同的堑壕之间可以相互连通，士兵
在堑壕里能够运送食品、弹药等，还可以传递命令或消息。

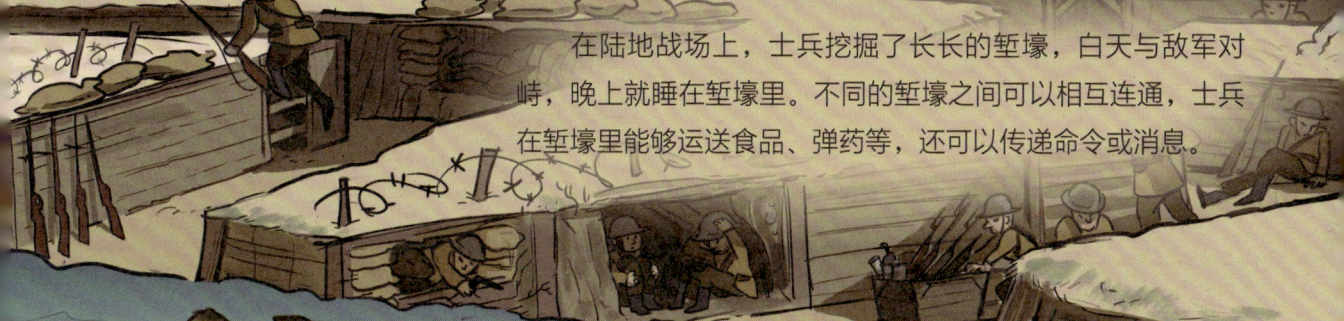

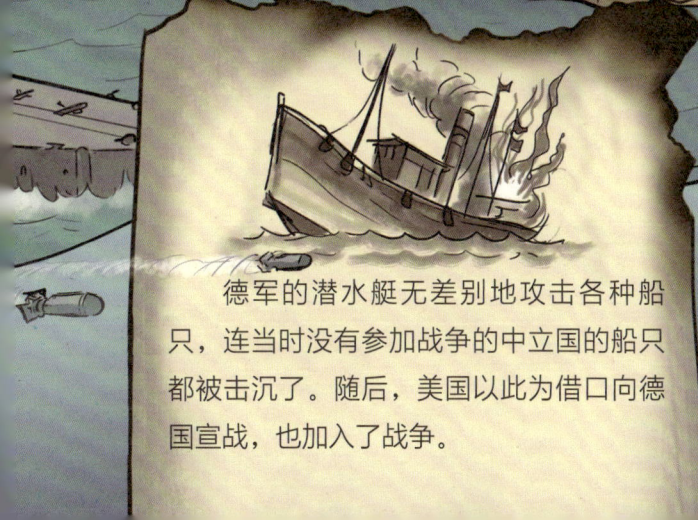

德军的潜水艇无差别地攻击各种船
只，连当时没有参加战争的中立国的船只
都被击沉了。随后，美国以此为借口向德
国宣战，也加入了战争。

在第一次世界大战中，
有3000多万人受伤甚至丧
生。为了纪念战争结束，人们
把红色罂粟花作为第一次世
界大战的纪念用花。

11

战争后的新世界

美国加入战争后，过了一段时间，第一次世界大战终于进入尾声。这时德国的实力已经被大大削弱，因此迫切希望速战速决，赢得战争的胜利。

德国将兵力集中起来，准备对协约国发动最终的攻击，却丝毫没有进展，还被协约国的军队打得落花流水，再也没有余力发动新的战争。

与德国结成统一战线的其他国家在内外夹击中纷纷投降，与此同时，德国国内的反战情绪日益高涨，于是德国向协约国提出停战的谈判要求。

很快，德国政府代表和协约国代表在法国的雷道车站里签署了停战协定，德国宣布投降，第一次世界大战正式结束了。

根据协定，德国必须在15天内从占领地区撤出军队，还必须交出一定数量的大炮、飞机、火车和卡车等装备。

战争终于结束了，人们终于可以从战火、饥饿、恐惧中解脱出来，恢复和平的生活了。

在战争结束之后，战胜国与战败国各自派出的代表聚集在法国的凡尔赛宫，召开了巴黎和会。战胜国与德国签订了《凡尔赛和约》，其中包含了大量对于战败国德国的要求。

英国首相 劳合·乔治

法国总理 克里孟梭

美国总统 威尔逊

巴黎和会由英国、法国和美国主导，每个国家都想为自己争取更大的利益。

根据合约规定，德国需承担巨额的战争赔款；同时，德国的军队数量也受到了限制。

以《凡尔赛和约》为主的一系列条约构成了战后国际关系的新体系，即凡尔赛体系。从此，世界格局发生了重大的变化。

1918年，德奥集团战败后，奥匈帝国皇帝被迫退位，奥匈帝国解体。

英国和法国虽然取得了胜利，但在战争中实力被大大削弱。

美国从战争中获取暴利，一跃成为世界经济强国。

俄国的华丽转身

第一次世界大战还未结束，俄国的沙皇专制制度已经走到了尽头。工人和士兵举行了轰轰烈烈的"二月革命"，推翻了沙皇的统治，沙皇被迫退位。俄国形成了工人和士兵代表苏维埃和资产阶级临时政府两个政权并存的局面。

俄国工人和士兵的反战情绪越来越强，但临时政府却要把战争进行到底，给人民带来了沉重灾难。俄国人民在列宁的领导下发动起义，向临时政府所在的冬宫发起进攻。这场起义被称为"十月革命"。

"阿芙乐尔"号巡洋舰打响了向临时政府所在的冬宫发起进攻的第一炮。

起义当天，革命军队和工人赤卫队占领了银行、火车站、主要政府机关和军事据点等地。次日，起义队伍攻下了冬宫，并逮捕了临时政府的部长。

在推翻临时政府后，俄国的工人和士兵代表苏维埃召开大会通过了《和平法令》和《土地法令》，并成立了以列宁为领导的苏维埃政府，世界上第一个社会主义国家诞生了。

十月革命胜利后，俄国率先退出了第一次世界大战。

在列宁的领导下，苏俄开始实行战时共产主义政策。

1922年，俄罗斯、南高加索、乌克兰和白俄罗斯这四个苏维埃社会主义共和国成立了苏维埃社会主义共和国联盟，简称苏联。

列宁去世后，斯大林提出实现国家工业化的想法并带领人民进行工业化建设，让苏联成为一个工业化强国。

苏联曾涌现出许多著名的作家和文学作品，比如奥斯特洛夫斯基的《钢铁是怎样炼成的》一书，作家以自己的生活为素材，塑造了一个在革命烈火中百炼成钢的战士——保尔·柯察金的英雄形象。

15

宇宙、地球和人类

20世纪虽然发生了两次世界大战，但各个领域的科学研究依然取得了丰硕的成果。科学家对宇宙的探索不断深入，不仅发现了宇宙起源的秘密，还发明了火箭，尝试着飞向广袤神秘的太空。

美国科学家哈勃是观测宇宙学的开创者之一，他提出了著名的哈勃定律。

为了更深入地探索宇宙，人们发明了火箭。苏联的齐奥尔科夫斯基推导出的公式奠定了火箭和液体火箭发动机的理论基础。

历史知多少

据说宇宙早期温度极高，随着整个体系的不断膨胀，温度又很快下降，逐渐形成了各种各样的恒星体系，成为我们今天看到的宇宙。

美国工程师戈达德研制的世界上第一枚液体火箭试飞成功，他被誉为美国"火箭之父"。

科学家对地球内部的构造也充满了好奇，他们通过研究发现了地球内部具有分层结构，并提出了很多新的概念。

南斯拉夫的地球物理学家莫霍洛维奇把地球的地壳与地幔之间的分界面称为莫霍洛维奇间断面，简称莫霍界面。

德国地球物理学家古登堡提出了古登堡界面。这个界面以上属地幔，界面以下为地核。

地球内部构造大致分为地壳、地幔和地核三个圈层。

过去的科学家通常认为地球上各大陆没有水平移动过。但也有一些科学家不认同这个想法，他们认为各大陆可能是通过漂移的方式到达了现在的位置。

德国地球物理学家魏格纳经过多次研究，系统地提出了大陆在漂移的理论，也叫"大陆漂移说"。

魏格纳认为以前地球上只存在一个大陆，称为泛大陆。从侏罗纪开始，泛大陆分裂并开始漂移，逐渐到达目前的位置。

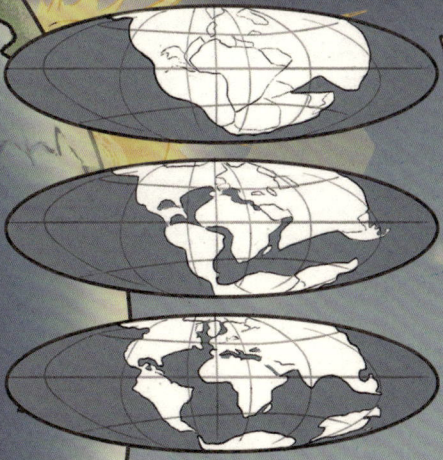

魏格纳为了寻找大陆漂移的证据，数次去格陵兰探险，1930年不幸在此遇难。

荷兰解剖学家杜布瓦在爪哇岛上发现了一批早期人类化石。这批化石当时被认为是猿的化石，后来才被科学界普遍认为是早期人类的化石。

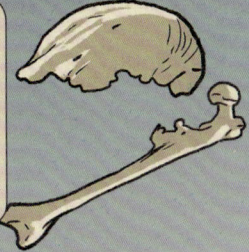

这个时期，考古学家在地球上发现了大量形态特征与人相像的化石，极大地丰富了人们关于人类起源的认识。

加拿大解剖学家步达生对在中国周口店发掘出的牙齿化石进行了研究，将其定名为"北京中国猿人"，俗称为"北京人"。

17

不断升级的物理学

物理学的研究包罗万象，大至日月星辰，小至肉眼看不见的原子、分子等。到了20世纪，以量子力学和相对论为标志的现代物理学诞生了。

伽利略最早对动力学做了定量研究。

牛顿提出物体的运动定律和万有引力定律。

道尔顿提出了原子论。

以前，科学家的研究对象主要集中在肉眼可以看到的物质上，物理学家伽利略和牛顿等人奠定了基础理论，这些研究结果成了经典物理学的重要组成部分。

然而微观世界的发现使物理学家看到了更多可能性。

量子力学是研究微观粒子运动规律的学科，它是20世纪物理学的基础理论之一。

历史知多少

在物理学中，微观粒子一般包括小分子、原子和各种粒子。

普朗克提出了量子假说，是量子论的奠基者。

爱因斯坦提出了光的量子概念，推动了量子力学的进一步发展。

海森堡建立了矩阵力学，为建立量子力学理论体系做出了巨大贡献。

薛定谔提出了薛定谔方程，它反映了微观体系运动变化的规律。他还提出了著名的薛定谔猫佯谬。

德国物理学家伦琴发现了X射线，它能穿透普通光线所不能穿透的某些物质。

物理学家、化学家居里夫人和丈夫皮埃尔·居里对放射性现象进行了研究，还发现了两种新元素钋和镭。

英国物理学家汤姆孙发现了比原子更小的一种粒子——电子，从此人类对物质结构有了新的认识。

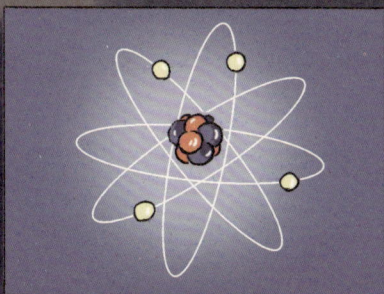

相对论是现代物理学中的另一个重要理论，它解决了很多经典物理学中无法解释的问题。提出相对论的人是20世纪最伟大的科学家之一——爱因斯坦。

$$E = mc^2$$

相对论给人们带来了更加便利的生活，比如全球卫星定位系统的精确计时设备改造。

我这一生都致力于把量子论和相对论统一起来。

爱因斯坦在1905年提出了大名鼎鼎的狭义相对论。

在1916年，爱因斯坦又提出广义相对论，彻底颠覆了人类对时空的认识。

19

行走在生命迷宫里

在物理学快速发展的同时，生物学、医学和心理学领域的科学家也没有停下研究的步伐，他们逐渐发现了生命的更多秘密。

果蝇的复眼通常是红色的，但也有一些果蝇拥有白眼。

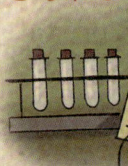

白眼果蝇

红眼果蝇

摩尔根是美国的一位遗传学家，他在一次研究中发现了白眼果蝇，又研究出白眼的基因在染色体上，从而发现了生物遗传的秘密与染色体息息相关，并以此发展了遗传的染色体学说。

染色体是生物细胞内的一种物质，摩尔根证实了遗传因子存在于染色体上。

父亲是A型血，母亲是B型血，那么孩子有可能是什么血型呢？

研究表明，父母的血型会遗传给孩子，并具有一定的遗传规律。

免疫学家兰德施泰纳发现人类有A、B、C三种不同的血型。后来他又把C型血液改为了O型，并添加了AB型血液。自此，人类血型的秘密被揭开，兰德施泰纳为医学的输血工作奠定了基础。

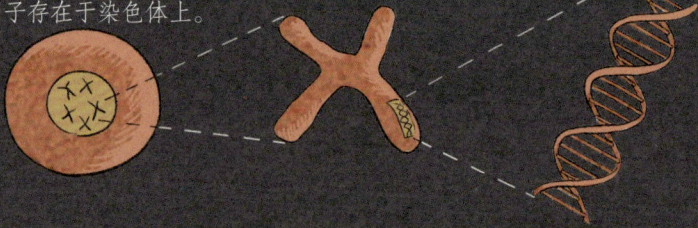

父亲　　母亲

孩子

英国科学家弗莱明在实验室里清洗细菌培养皿时，意外发现里面出现了一些不寻常的霉菌。弗莱明从中分离出一种物质，并称之为青霉素。

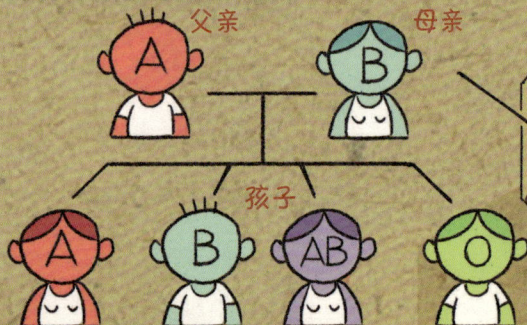

历史知多少

青霉素是人类发现的第一种抗生素，具有抗菌作用。后来科学家再次对青霉素进行研究，发现它对许多严重的细菌感染有良好的治疗效果。

条件反射的
形成过程

只向小狗摇铃，小狗不会分泌唾液。

给小狗食物，小狗会分泌唾液。

同时向小狗摇铃和提供食物，小狗也会分泌唾液。

反复训练后，仅仅向小狗摇铃就能让小狗分泌唾液，也就是说，小狗对铃声产生了条件反射。

生理学家巴甫洛夫给小狗喂食的时候发现了小狗的唾液分泌现象。后来，他做了一系列实验，由此提出了条件反射学说，证明了人和动物可以适应不断变化的环境。

心理学家弗洛伊德对梦非常有研究，他在研究精神病患者的过程中发现了梦是人类潜意识的表现，由此创作了心理学著作《梦的解析》，并提出了心理分析学说。

梦是人们潜意识中欲望的表达。

同样作为心理学家，美国的华生则认为心理学应该研究行为而不是意识，他的一些理论对美国社会产生了广泛影响。

华生提出除最简单的反射外，一切行为都是通过条件反射过程而后天习得的，心理学的任务就在于预测和控制行为。

21

当文化艺术走向人群

20世纪，艺术再一次蓬勃发展，艺术家们的创作充满了个性，新的技术又促使文化艺术进一步走向大众。

一些女性穿上了新潮的服装，引领了当时的着装风尚。

香奈儿

香奈儿是法国的时装设计师，她设计的帽子和服装简洁优雅，她还推出了多种香水，成了时尚风向标。

爵士乐的蓬勃发展使得这一时期被称作"爵士时代"。节奏轻快的踢踏舞表演无论是在剧场还是在街头都广受欢迎。

在绘画领域，各种新流派也另辟蹊径，创造出与以往大不相同的绘画作品。

马蒂斯

《舞蹈》

野兽主义流派的画家追求更为主观和强烈的艺术表现。代表作有马蒂斯的《舞蹈》。

《亚威农少女》

立体主义流派的代表人物是毕加索。他一生画法和风格多变，留下了《亚威农少女》《格尔尼卡》等诸多代表作。

毕加索

22

无线电广播成为一种大众传播工具。人们可以在家里打开收音机，收听新闻和各种广播剧。

卢米埃尔兄弟

法国的卢米埃尔兄弟把电影带到了世界上，他们制造出能将影像放映在银幕上的"电影放映机"。1895年首次在公共场合放映了影片，这一天标志着电影时代的开始。

最早的电影都是无声的，这段时期被称为"默片时代"。该时代的代表人物卓别林的诸多作品风靡全球。

后来，人们给电影添加了声音。1929年的《纽约之光》被认为是第一部"百分之百的有声"影片。

卓别林

1935年，彩色胶片出现，让电影在会"说话"后又增添了色彩。

在电影诞生后，电视的发展也在不断加速。1936年，英国广播公司正式播出了电视节目，这是电视事业的开端。

美国的动画片导演迪士尼创造了许多家喻户晓的卡通角色，深受孩子们的喜爱。后来他还创建了世界上第一座迪士尼乐园。

迪士尼

23

在20世纪，人们的城市生活发生了翻天覆地的变化，一些城市规模逐步扩大，发展为繁华的大都市。

在大都市里，到处都可以看到连锁店和商品广告，去百货大楼购物是人们最喜欢的消遣方式之一。

人们的购买力越来越强，过去的高档消费品成了不少普通家庭消费得起的商品。

24

这一时期，来到城市定居的人越来越多。钢架结构和玻璃外墙的应用，使人们能建造出更高的楼房，有的城市里甚至出现了摩天大楼。

城市里的住宅通了电，居民可以在家里用电器了，人们的生活方式发生了巨大的变化。

夏天，空调让室内变得不再炎热。

人们把吸尘器、电冰箱和洗衣机等家电买回家，做家务方便了很多。

小孩子可以在明亮的灯光下看书了。

在大城市的街道上可以看见私家汽车，公共交通工具也在公路和高架铁路上忙碌地行驶。

可怕的经济大萧条

为了获得更多财富，很多人去购买一种叫股票的东西。股票由企业发行，所募集到的资本被用于制造大量商品，再售卖给人们。大家都沉浸在繁荣的表象中，但好景不长，美国社会出现了一次严重的经济危机，长达数年的经济大萧条来临了。

我的资产全都没有了！

1929

1929年10月，美国华尔街的股票行情突然猛跌，人们失去了大量的财产。

大量财富集中在少数人手中，普通百姓没有足够多的钱去消费，工厂生产出的商品就卖不掉了，人们的消费能力越来越低，形成恶性循环。

从此，美国的经济陷入全面萧条状态，银行和企业纷纷破产。

工人、农民和一些资产阶级的收入大幅下降，消费水平迅速降低。商人手中的商品被大量积压，最后只能把辛辛苦苦生产出来的牛奶等商品处理掉。

人们买不起吃的和用的东西，购买的食物仅限于土豆、洋葱以及最廉价的面包等。

妈妈，为什么最近家里都不买牛奶呢？

这场危机越来越严重，城市里随处可见流浪者，他们寄希望于在其他地方找到工作，还有很多人排队去领取每天的救济食品。

经济大萧条一直持续了好几年，人们开始变得绝望。实在没有钱了，他们就把贵重物品拿到当铺去换钱。

此时，美国一位叫罗斯福的人当选为总统。他通过实施一些政策帮助美国渐渐走出经济危机，这些政策被称为"罗斯福新政"。

给失业者最低限度的救济，让很多家庭不再挨饿。

招收失业工人植树造林、筑路架桥，让他们重新走上工作岗位。

第二次世界大战来了

经济危机影响了很多国家，其中就包括在第一次世界大战中战败的德国。很多德国民众纷纷失业，生活困苦不堪。

这时，"纳粹党"的党魁希特勒趁机煽动民众的不满情绪和渴望建立"强权国家"的愿望，获得了广泛支持，成为德国元首。

为了使德国成为一个"强权国家"，希特勒秘密组建了武装力量，迅速发展起战争经济。

希特勒执政后，德国建立了法西斯政权，并撕毁在第一次世界大战后签订的《凡尔赛和约》，要求重新瓜分世界。后来，德国与同样建立了法西斯政权的意大利和日本结成了德意日侵略集团。

一些犹太科学家遭到迫害，其中包括爱因斯坦。

纳粹党对反对自己的人进行了大规模的搜捕与迫害，很多人遭受了非人的折磨，最后被残忍杀害。

1939年，欧洲战云密布，希特勒命令德军对波兰发起突然袭击，意在挑起世界大战，妄图统治欧洲。波兰措手不及，全国陷入一片混乱。

德军的作战方式是集中优势的军事力量突然发动袭击，迅速摧毁对方的防御，使其丧失抵抗能力。这种方式也叫"闪击战"。

面对德国对其他国家的侵略，英国、法国等国家一开始采取了默许的态度，并与德国和意大利签订了臭名昭著的《慕尼黑协定》。但希特勒统治欧洲的图谋已定，英国、法国等国家纷纷向德国宣战，第二次世界大战全面爆发了。后来，德军又攻击了欧洲多个国家，很多城市都笼罩在战争的恐惧中。

很快，第二次世界大战的战火波及了五大洲，很多国家都加入了这场战争。第二次世界大战分为两个阵营，德国、意大利和日本等轴心国为一方，中国、苏联、美国、英国等同盟国为另一方。

New York World-Telegram

SSIAN LINES CRACKED LITZKRIEG, NAZIS SAY

Soviet R
Foe Beate

29

誓死保卫家园

在突袭法国和英国后，1941年，德军加紧了侵略扩张，把矛头对准了苏联等国家。

德军深入到了苏联的首都莫斯科附近，但是苏联军队和人民誓死反击侵略者，在莫斯科抵挡住了德军成千上万架飞机与大量坦克的轰炸。

一定要把敌军赶出我们的土地！

后来，德军又调集军队向莫斯科发动第二次进攻，苏联军队以血肉之躯堵住了德军进攻的道路，把敌人赶到冰天雪地里，使德军伤亡惨重。

历史知多少

在被敌军重重围困的莫斯科，苏联人民照样庆祝节日，这极大地鼓舞了苏联军队和人民的士气。

德军遭受了战争爆发以来的第一次惨败，他们在战场上屡战屡胜的愿望破灭了。而苏联军队的胜利在第二次世界大战中具有深远的国际意义。

但德国元首希特勒于1942年再次发出作战指令，命令德军把一切可用的兵力集中起来消灭苏联军队，斯大林格勒会战的序幕拉开了。

妈妈，我害怕！

苏联军队进行了顽强的抵抗，经过艰苦战斗，终于粉碎了希特勒的计划。斯大林格勒战役不仅是苏联与德国战争的转折点，也是第二次世界大战的转折点。

如意算盘落了空

在第二次世界大战中，与德国同一战线的日本在亚洲及太平洋地区发动了多次侵略战争，攻占了中国和其他国家的很多地区。

中国各族人民积极开展抗日战争，给敌人以沉重打击，消耗日军大量人力、物力。此后，日军不得不停止战略进攻，中日战争进入战略相持阶段。

潜艇是海军的重要作战装备之一。

面对日军猛烈的攻势，很多国家采用了一些先进技术来应战，使日本的计划屡次落空。

雷达是一种利用电磁波探测远距离目标的军用电子装备，用于武器控制、炮位侦察、投弹瞄准等方面。

日军攻占中国的策略陷入了僵局，他们将目标转向了东南亚，为此必须击溃美国的太平洋舰队。1941年，日军偷袭了美国在夏威夷珍珠港的舰队，太平洋战争爆发。

日军出动约360架飞机，猛袭在珍珠港的美国军舰和机场。美军猝不及防，损失惨重。

日军的行为使得美国、英国、澳大利亚、新西兰等国纷纷向其宣战。战争期间，日军还进攻了美国的一个重要基地——中途岛，但在美军的反击下，日军遭到重创。日军在太平洋战区开始丧失战略主动权，战局出现转折。

通信保密和密码破译是一条斗争激烈的隐蔽战线，美军在中途岛战役中利用密码破译技术，获取了日军的无线电报内容，从而顺利击败了日军的主力。

和平的曙光

德国和日本等国家的大肆侵略威胁着世界各国的独立和主权。中国、美国、英国、苏联等几十个国家决定联合起来，一起向侵略者展开反攻。

罗斯福

美国总统罗斯福和英国首相丘吉尔等人一起开会商讨对付德国和日本等国家的作战计划。会议期间，美国建议大家签署一个共同宣言，即《联合国家宣言》。很快，有26个国家在《联合国家宣言》上签字，决定共同打败这些破坏世界和平的敌人。

之后，英国和美国等国家的军队从法国诺曼底登陆，对德军进行反击。这场战争对击溃德军起了重大作用。

据说为对付英军和美军登陆，德军利用自然地形设置了很多障碍物和大量地雷，但他们却忽略了诺曼底一带的防御。

为了取得战争的胜利，中国、美国和英国召开了开罗会议，美国、英国和苏联召开了雅尔塔会议。会议上决定了很多重大问题，制订了打败敌人的计划。

接下来，各国军队纷纷深入德国腹地，包围了德国的首都柏林，德军停止抵抗，正式宣布无条件投降。

这时，日军却仍然在做最后的抵抗。为了早日结束这场漫长的战争，美国先后在日本投下了两颗原子弹，使日本民众伤亡惨重，苏联也对日宣战，日本最终宣布无条件投降。至此，第二次世界大战终于结束了。

德国元首希特勒和妻子在德军投降前夕在柏林双双自杀。

漫长的战争结束后，很多国家共同建立了联合国，这对维护世界和平与安全有着深远的影响。

世界大事年表

公元1900年

外 免疫学家兰德施泰纳将人类的血液分成A、B、C（后称O）三型，后来又加入了AB血型。

中 八国联军侵华，在北京疯狂地进行烧杀抢掠。

公元1905年

外 物理学家爱因斯坦提出了光量子假说和狭义相对论。

中 詹天佑主持修建的京张铁路开工。

公元1918年

外 德国宣布投降，历时四年的第一次世界大战结束了。

中 《新青年》发表了作家鲁迅的白话短篇小说《狂人日记》。

公元1912年

外 德国地球物理学家魏格纳提出大陆漂移说。

中 中华民国成立，清朝末代皇帝退位，延续二千多年的君主专制制度结束了。

1912年，民国元年

公元1927年

外 生理学家巴甫洛夫提出了高级神经活动类型学说。

中 中国共产党举行了南昌起义。

公元1945年

外 日本宣布无条件投降，第二次世界大战结束了。

中 中国共产党第七次全国代表大会在延安召开。